AF312068

Exemplaire de Barre

COLLECTION

DE M. LE BARBIER

TABLEAUX

MODERNES

Mᵉ CHARLES OUDART | M. ÉMILE BARRE

COMMISSAIRE-PRISEUR | EXPERT

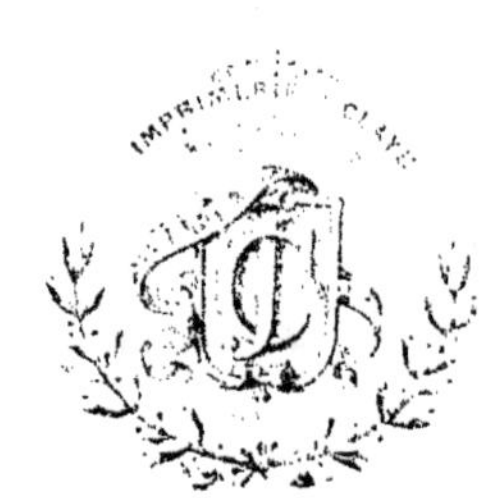

CONDITIONS DE LA VENTE.

Elle sera faite au comptant.

Les acquéreurs payeront *cinq centimes par franc,* en sus des enchères, applicables aux frais.

L'Exposition mettant les Adjudicataires à même de se rendre compte de l'état et de la nature des objets, il ne sera admis aucune réclamation une fois l'adjudication prononcée.

CATALOGUE

DES

61 TABLEAUX

MODERNES

COMPOSANT

LA COLLECTION DE M. LE BARBIER

DONT LA VENTE AURA LIEU

HOTEL DROUOT, SALLE N° 1

Le Samedi 7 Février 1874

A 2 HEURES 1/2 PRÉCISES

<table>
<tr><td>COMMISSAIRE-PRISEUR</td><td>EXPERT</td></tr>
<tr><td>Me CHARLES OUDART</td><td>M. ÉMILE BARRE</td></tr>
<tr><td>31, rue Le Peletier</td><td>20, Chaussée-d'Antin</td></tr>
</table>

Chez lesquels on trouve le Catalogue

EXPOSITIONS

PARTICULIÈRE	PUBLIQUE
Le Jeudi 5 Février 1874	Le Vendredi 6 Février 1874

DE 1 HEURE 1/2 A 5 HEURES 1/2

DÉSIGNATION

BACON (H.)

1. — Le Petit Studieux.

Haut., 0^m,15. Larg., 0^m,10.

BLANC (C.)

2. — Un Pifferare.

H., 0^m,18. L., 0^m,13.

BOULARD

3. — Le Repas champêtre.

H., 0^m,27. L., 0^m,21.

COURBET

4. — Halte de chasse.

H., 0^m,54. L., 0^m,42

CAILLE (LÉON)

5. — La Leçon de lecture.

H., 0^m,21. L., 0^m,16.

CHAIGNEAU

6. — La Porte du clos.

H., 0^m,09. L., 0^m,16.

CHAIGNEAU

7 — Le Retour de l'herbage.

H., 0^m,21. L., 0^m,27

CHAIGNEAU

8. — La Ferme de Barbizon; effet du soir.

H., $0^m,10$. L., $0^m,18$.

CLAUDE

9. — Nature morte.

H., $0^m,54$. L., $0^m,45$.

CLOUET (FÉLIX)

10. — Perdreaux, Pêches et Raisins.

H., $0^m,46$. L., $0^m,36$.

CLOUET (FÉLIX)

11. — Gibier mort.

H., $0^m,46$. L., $0^m,36$.

COCK (C. DE)

12. — Intérieur de forêt.

H., 0^m,46. L., 0^m,37.

COLLIN (PAUL)

13. — La Récréation du chat.

H., 0^m,55. L., 0^m,46.

COROT

14. — L'Étang de Ville-d'Avray.

H., 0^m,38. L., 0^m,55.

COROT

15. — Paysage ; effet de soleil couchant.

H., 0^m,31. L., 0^m,45.

COROT

16. — Brimborion.

H., 0^m,21. L., 0^m,40.

COROT

17. — Bords d'une rivière.

H., 0^m,24. L., 0^m,33.

COROT

18. — Pêcheur ; effet du matin.

H., 0^m,25. L., 0^m,19.

COROT

19. — Paysage avec ruines et figures.

H., 0^m,40. L., 0^m,37.

COROT

20. — Environs de Soissons, paysage.

H.. 0ᵐ.26. L., 0ᵐ,56.

CHAVET

21. — Charles Iᵉʳ conduit en prison.

H.. 0ᵐ,17. L., 0ᵐ,12.

DELACROIX (E.)

22. — Arabe à cheval.

H., 0ᵐ,22. L., 0ᵐ,16.

DIAZ

23. — Entrée de forêt, avec figures.

H., 0ᵐ.27. L., 0ᵐ,38.

DIAZ

X 24. — La Jeune Mère.

H., 0^m,15. L., 0^m,21.

DREUX (A. DE)

X 25. — Chasse à courre.

H., 0^m,43. L., 0^m,62.

DARU (Mlle L.)

26. — Bouquet de fleurs.

H., 0^m,64. L., 0^m,53.

DAUBIGNY

27. — La Mare aux canards.

H., 0^m,18. L., 0^m,28.

DUPRÉ (V.)

28. — Paysage avec personnages.

H., 0^m,21. L., 0^m,27.

FANTIN

29. — Roses trémières, Glaïeuls et Pieds d'alouette.

H., 0^m,66. L., 0^m,56.

GIRARDET (K.)

30. — Bords de l'Oise.

H., 0^m,24. L., 0^m,20.

GIRARDET (K.)

31. — Paysage.

H., 0^m,16. L., 0^m,26.

HANOTEAU

✗ 32. — Paysage, environs de Barbizon.

H., 0^m,26. L., 0^m,34.

HEREAU (JULES)

33. — Intérieur de ferme avec animaux.

H., 0^m,27. L., 0^m,35

HEREAU (J.)

34. — La Rentrée du troupeau.

H., 0^m,26. L., 0^m,56.

JACQUE (CH.)

35. — La Porte du poulailler.

H., 0^m,30. L., 0^m,25.

JACQUE (CH.)

36. — Poules et Coq.

H., 0ᵐ,12. L., 0ᵐ,20.

JACQUE (CH.)

37. — Moutons à l'abreuvoir sur la lisière d'un bois; effet
d'orage.

H., 0ᵐ,42. L., 0ᵐ,70.

LAFENESTRE (G.)

38. — Intérieur de bergerie.

H., 0ᵐ,31. L., 0ᵐ,46.

LAFENESTRE (G.)

39. — Canards en ébats.

H., 0ᵐ,12. L., 0ᵐ,16.

LAFENESTRE (G.)

40. — Intérieur de bergerie.

H., 0ᵐ,28. L., 0ᵐ,22.

LAMBINET

41. — Enclos de ferme normande.

H., 0ᵐ,39. L., 0ᵐ,57.

LAPITO

42. — Les Gorges d'Apremont (forêt de Fontainebelau).

H., 0ᵐ,32. L., 0ᵐ,43.

MARILHAT

X 43. — Paysage; effet d'orage.

H., 0^m,29. L., 0^m,44.

LEPINE

44. — Environs de Saint-Denis.

H., 0^m,30. L., 0^m,55.

MARK (VAN)

45. — Vaches s'abreuvant à une mare.

H., 0^m,21. L., 0^m,26.

MARK (VAN)

46. — Chevaux à l'abreuvoir.

H., 0^m,21. L., 0^m,16.

PIETTE

47. — La Sarthe.

Aquarelle.

H., 0^m,69. L., 0^m,81.

ROUSSEAU (TH.)

X 48. — Sous Bois.

H., 0^m,34. L., 0^m,26.

RIBOT

49. — Nature morte.

H., 0^m,59. L., 0^m,72.

RICHARD (A.)

50. — La Ménagerie.

H., 0^m,15. L., 0^m,11.

RICHET (L.)

51. — Paysage avec mare.

H., 0m,40. L., 0m,20.

SALMON

52. — Coq et Poules.

H., 0m,12. L., 0m,11.

SALMON

53. — Le Réveil.

H., 0m,16. L., 0m,21, ovale.

SAUVAGE

54. — Enfants balayant la neige.

H., 0m,36. L., 0m,36.

VEYRASSAT

55. — Cour de ferme avec chevaux, poules et canards.

H., 0m,19. L., 0m,29.

VINCELET

56. — Bouquet de giroflées.

H., 0m,26. L., 0m,43.

VINCELET

57. — Jacinthes doubles.

H., 0m,32. L., 0m,24.

VOLLON

58. — La Rencontre.

H., 0m,09. L., 0m,08.

VOS (DE)

59. — Chiens savants.

H., 0m,18. L., 0m,23.

WATELIN

60. — Ferme en Normandie.

H., 0m,37. L., 0m,56.

ZAMACOIS

61. — La Bonne Lame.

H., 0m,34. L., 0m,26.

PARIS. — J. CLAYE, IMPRIMEUR, 7, RUE SAINT-DENOIT. — [189]